兵器坊

传统文化中的 STEAM

传统文化与科学的巧妙融合
文理兼修的跨学科学习

郝京华　王伟群　主编

化学工业出版社

·北京·

U0314409

图书在版编目（CIP）数据

传统文化中的STEAM.兵器坊 / 郝京华，王伟群主编 .

北京：化学工业出版社，2024. 11. -- ISBN 978-7-122-46469-9

I. Z228.2；K203-49

中国国家版本馆CIP数据核字第2024UU6611号

责任编辑：郑叶琳　　　　　　　　　装帧设计：溢思视觉设计 / 程超

责任校对：王鹏飞

出版发行：化学工业出版社

　　　　　（北京市东城区青年湖南街13号　邮政编码100011）

印　　装：盛大（天津）印刷有限公司

710mm×1000mm　1/16　印张6　字数59千字

2025年1月北京第1版第1次印刷

购书咨询：010-64518888　　　售后服务：010-64518899

网　　址：http://www.cip.com.cn

凡购买本书，如有缺损质量问题，本社销售中心负责调换。

定　　价：28.00元　　　　　　　　版权所有　违者必究

编写人员名单

主编：郝京华　王伟群

副主编：叶　枫　方锦强

执行副主编：成素萍

参编人员：祖　亮　李　婷　许晓燕

　　　　　童奋彪　郝婷婷等

丛书序

你一定知道中国古代有造纸术、印刷术、火药、指南针四大发明，它们对人类的文明发展起到过非常重要的作用。但你知道吗？中国古代伟大的发明远不止这几项。还有长江流域河姆渡文化给我们留下的七千多年前的稻作农业文明，还有黄河流域仰韶文化给我们留下的五千多年前的绚烂彩色陶器，还有中原殷商文化给我们留下的三千多年前的青铜冶炼技术……除了这些，我们的祖先在农学、医学、天文、历法、数学、运筹学、工艺学、水利学、灾害学等领域也都取得过卓越的成就，为世界提供了丝绸、瓷器、茶叶等凝结着中华民族心智和汗水的技术产品，也给我们留下了雄伟的万里长城、绵延千里的大运河、雄伟壮丽的宫殿、巧夺天工的桥梁、诗意盎然的园林……

悠久的历史，积淀了深厚的中华文化；中国古代的科技发明犹如璀璨的明珠，在历史发展中熠熠生辉。

《传统文化中的STEAM》选取了若干与古代科技有密切关系的物化的传统文化项目，包括《书印坊》《玩具坊》《染料坊》《兵器坊》《造船坊》《酿造坊》《烧造坊》《古建坊》《计量坊》《桑蚕坊》《农具坊》等。

每册书包括 4～8 个主题，每一个主题包括四个内容版块，即

探文化之源、践古人之行、析科技内涵、观后续发展。

探文化之源主要介绍该科技用品的结构、用法、历史及对社会、经济、文化等方面的影响。践古人之行提供了动手做的器材和步骤，编者希望小读者在过DIY（自己动手做）瘾的同时，能更深层次地领略古人的智慧。析科技内涵重点在解析这些科技用品中蕴含的科学原理。中华先民当时是凭经验做出这些科技用品的，可能并不清楚其中的科学原理，析科技内涵这一部分可以为我们解密。观后续发展交代的是该科技用品现在的命运：它们中有的还在沿用，如风筝、都江堰；有的则进了博物馆，如雕版等。无论如何，龙的传人都应该铭记我们先民曾经有过的辉煌。

中华优秀传统文化是"中华民族的基因"，是"民族文化血脉"，是"民族精神命脉"。多了解一些中国优秀传统文化及其蕴含的科学原理，你一定会为我们先人的智慧所折服，你也一定能更好地理解上下五千年中华民族生生不息、屹立世界东方的道理。中华优秀传统文化是我们民族自信的水之源，木之本。少年强则国强，希望你通过对传统文化的 STEAM 学习，吸收文化养分，激发创造潜能，提高民族自信。未来是你们的！

前言

在人类历史的长河中，兵器作为战争与冲突的产物，一直是科技与文化交融的见证。从石器时代到现代，兵器不仅代表了人类科学技术的进步，也反映了不同时代的社会风貌和价值观念。

《孙子兵法》中有云："兵者，国之大事，死生之地，存亡之道，不可不察也。"作为世界上最古老的文明古国之一，中国在军事技术和兵器制造方面有着悠久的历史。从史前时期到清朝末年，军队、民间使用的各种兵器和装备各式各样，远超"十八般武艺"。它们大小不同，形式和内容丰富。有冷兵器、火器；有短兵器、长兵器；有明器、暗器；有进攻型武器、防御型武器……尘封几千年的刀枪剑戟、弩机盾牌、炮车云梯把我们的思绪拉回到久违的战火弥漫的岁月，它们见证了"以戈止武"的中国军事思想的发展，也见证了社会历史的变迁。

中国古代兵器的成就，同中国古代科学技术的发展是分不开的。例如冶铸青铜合金的技术、百炼钢技术、火药的发明等，都是首先或大量被应用于军事领域。这使得中国古代兵器不断创新，走在世界各国的前列。

我们将传统的兵器制作技艺与现代的STEAM教育理念相结合，推出《传统文化中的STEAM·兵器坊》一书，通过跨学科的方式，将科学、技术、工程、艺术和数学（STEAM）与传统的兵器文化相结合，旨在让更多的人了解古代兵器背后的故事，体验制作兵器的乐趣，并培养创新思维与实践能力。同时，我们也希望本书能够成为连接过去与未来的桥梁，让中华优秀传统文化在新时代焕发出更

加绚丽的光彩。

本书是一本内容深入浅出的兵器科普读物，它以通俗易懂的方式，带领读者走进中国古代兵器的世界。本书选取了8种具有代表性的兵器，分别通过4个环节进行深入的介绍。第一环节"探文化之源"将通过丰富的历史资料和考古发现还原兵器在古代战争和社会生活中的角色，让读者了解兵器的发展历程、种类及其在历史上的重要地位。第二环节"践古人之行"将展示具体的案例，通过详细的步骤和解说帮助读者学习制作简易的兵器模型，以亲身实践的方式更深入地了解兵器的制作过程，体验传统工艺的魅力。第三环节"析科技内涵"将详细解析中国传统兵器制作技艺蕴含的科学原理，展现中国古代匠人的智慧与技艺。第四环节"观后续发展"将让读者了解到现代兵器的发展趋势以及传统兵器在现代社会的应用，以及如何将传统工艺与现代科技相结合，创造出更加先进和实用的兵器。

本书依据《传统文化中的STEAM》框架结构拟定提纲，成素萍、祖亮、李婷完成全书的统稿和定稿，许晓燕、童奋彪、郝婷婷、张晨、邵琛、韩彩荣、冯然、赵静参与了全书的编写，邓茜、袁泽、陈惠子、孙影、王健、陆启环、王萌、朱露、邱艳和贾卫在产品制作、拍摄、选图方面给予我们极大帮助，在此一并表示感谢，是他们的辛勤付出和无私奉献才使这本书得以呈现在读者面前。同时，我们也期待读者能够从这本书中获得启发和收获，对传统兵器有更深层次的认识和理解。

目录

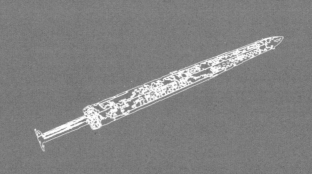

刀和剑

剑作为"百兵之君"，在中国是一种有着特殊地位的武器。"壮士腰间三尺剑，男儿腹内五车书"，代表了中国人对剑的一种普遍认识。"醉里挑灯看剑""十年磨一剑"等诗词，说明了剑在中国文人雅士心目中有着极高的地位。不论是王公贵族还是武林豪侠，都喜欢佩剑、练剑。

据考古学者对出土石器的测定，在旧石器时期，我们的祖先就已经用石头、蚌壳、兽骨打制各种形状的工具了。他们不仅将这些工具作为劳动工具，也会随身携带这些工具作为防身自卫的武器。

随着金属冶炼工艺的成熟，青铜、铁成为制作刀、剑的重要材料。刀、剑也因用途不同而有不同的形状。它们都是主要通过锋利的尖和刃来杀伤敌人的。

剑属双刃的短兵器，即传说中"神兵利刃"中的利刃。据说，剑的起源可以追溯到轩辕黄帝时代。史书记载："帝采首山之铜铸剑，以天文古字铭之。"史称"轩辕剑"。轩辕剑，剑身一面刻日月星辰，一面刻山川草木；剑柄一面书农耕畜养之术，一面书四海一统之策。轩辕剑被称为"华夏的上古第一神剑"。

轩辕剑究竟是什么样的，只能靠大家自己去想象。如今还能被目睹、被誉为"天下第一剑"的王者之剑的代表是春秋"越王勾践剑"。它正面刻有"越王鸠（勾）浅（践）自作用剑"的鸟篆铭文，剑格正面镶有蓝色琉璃、背面镶有绿松石，其精致和气势堪称当时短兵器制造的最高水平。

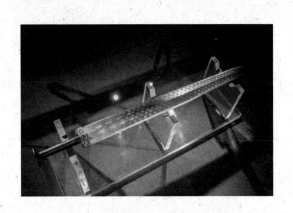

湖北省博物馆收藏的越王勾践剑

秦朝灭亡后，西楚霸王项羽、汉王刘邦争夺天下统治权。项羽的随身武器为霸王剑，又名"开天辟地宝剑"。霸王剑锋利无比，由青铜铸造而成，总长一米二八，重一百余斤。

霸王剑仿制品
（拍自宿迁市项王故里）

汉朝时期，击剑更是朝野风行，不少人以剑术显名于天下，于是就有了击剑比赛。

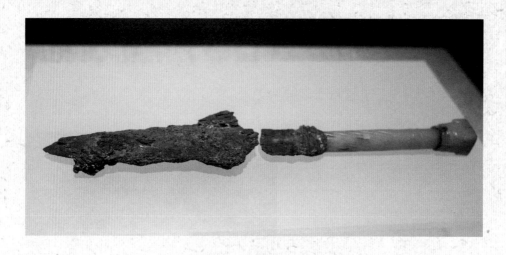

河南博物院收藏的玉柄铁剑

玉柄铁剑属西周晚期器物，它制作精美，集铁、铜、玉三种材质于一体，是中国考古发掘中出土时代最早的一件人工冶铁制品，因而非常难得。

随着冶铁技术的发展，钢铁这种新的金属材料被广泛用于剑的铸造。在不断的探索与发展中，钢材的优良性能逐渐被发现并得到运用。用它制作的宝剑具有更好的韧性和硬度，以及更强的性能和美感。

江湖情，侠客梦，每当看到电视剧中那些身佩长剑走天涯的侠士，你是否羡慕不已呢？按照下面的步骤来制作，你也将拥有一把属于自己的宝剑。

1 器材准备：

长木板、双面胶、卡纸、美工刀。

2 制作步骤：

（1）准备一块长 30 厘米、宽 3 厘米、厚 1 厘米的长方形木板。松木等材质较疏松的木材为佳。

（2）在木板上画出如图所示的线条，并用美工刀沿线条削尖。

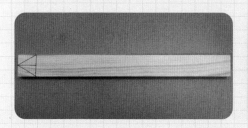

（3）继续用美工刀将剑尖部分削得尖又薄。

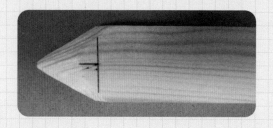

（4）用美工刀将剑身削得平又薄。

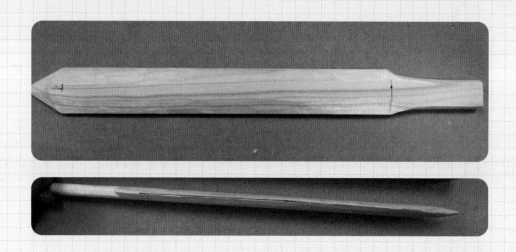

（5）用美工刀将剑柄部分削至平滑。

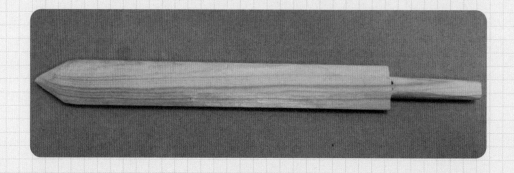

（6）使用一张 A4 卡纸的四分之一制作剑格。

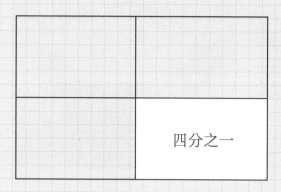

	四分之一

① 将纸张的四个角沿长的中线折叠，并将两侧向中线折叠。

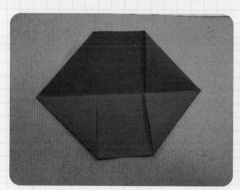 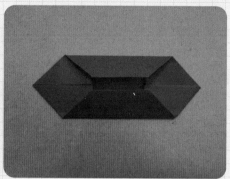

② 将两侧沿中线折叠，并将两个角向长边折叠 45 度，留下折叠痕迹。

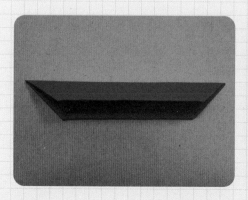 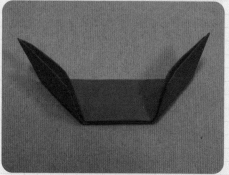

③ 将其中一个角展开，沿着上一步形成的折叠痕迹向外翻折。用同样的方法完成另一个角。

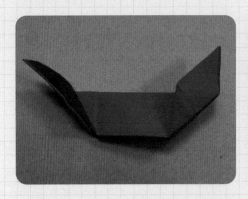 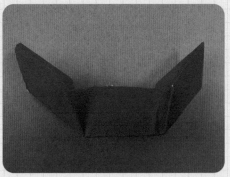

④ 用美工刀沿中线割开一个与剑身同宽的口，剑格部分就制作完成了。

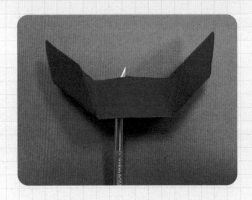

（7）将制作完成的剑格与剑身组装在一起并用双面胶固定，简易宝剑就制作完成了。当然，你也可以自己加上剑穗或剑鞘。

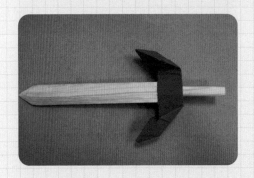

注意事项：使用美工刀时要小心，不要伤到手哟！宝剑制作完成后，不要随意将剑尖对着别人，以免误伤他人。

刀剑具有攻击力的科学原理是什么？

刀剑的攻击杀伤力大小，主要取决于刀刃、剑刃的锋利程度。要使刀剑具有更大的攻击杀伤力，一般通过两种方法实现：一是制作刀剑的材料要硬，硬度越大，刀刃、剑刃越锋利。如青铜比纯铜的硬度大，因此青铜剑更锋利；钢铁比青铜的硬度大，因此钢铁剑更锋利。二是刀刃要薄，越薄物体的受力面积越小，在同样的力度下压强就越大。大家可以通过做下面的小实验来理解压强的作用：用前面做好的木剑和之前的长方形木条做比较，你会发现：用相同的力挤压水果，木剑很容易戳进水果，而木条很难戳进水果。

在生活中你也会发现，用磨刀石把刀刃磨得薄一点，刀就会更锋利一点，切菜、切肉也就会容易一些。

如果对物体做个受力分析，我们就更容易明白了。例如：对两个顶角不同的木锲施加相同的力，它们的侧面受到的力如下图所示。

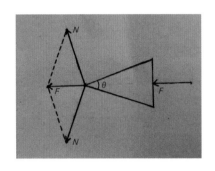 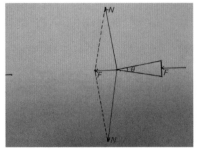

当顶角为4度、力F为10牛顿时，侧面就会得到大小为143牛顿的力；当顶角还是4度、而力F为30牛顿时，侧面就会得到大小为430牛顿的力；当顶角为6度、力F为30牛顿时，侧面就会得到大小为287牛顿的力。由此可见，角度越小、受力越大，侧面就会得到更大的力，这样很容易就能把物体劈开了。

当然，若制剑的材料太硬，同时把剑制得太薄，就容易发生断裂。为了避免这种情况发生，我们的先人非常聪明地制作了复合剑。这种剑中间的剑脊厚，边缘的剑身薄，且所用材料内柔外刚，即剑脊锡含量低、铜含量高，韧性大，剑身锡含量高、铜含量较低，则硬度大、锋利。直到现在，复合材料仍然是高新技术门类。中国古代工匠的聪明才智真是了不起！

今天，刀、剑作为武器的功能已渐渐衰减，而作为体育娱乐器械和其他的日用功能则日益增强。

基于此，击剑作为一项体育运动项目开始盛行。早在1896年，在雅典举行的第一届现代奥运会上就设有花剑、佩剑的比赛项目。1973年，中国击剑协会在北京成立。

观后续发展

击剑运动中的主要用剑分为花剑、佩剑以及重剑三种。虽在制作工艺上有所区别，但三者剑身所使用的材料都为弹簧钢。弹簧钢主要是指钢经过淬火和回火工艺后具有一定弹性，通常用来制作弹簧和弹性的元件。用弹簧钢制成的剑柔韧性极好。

随着生活水平的改善，人们开始追求品质，注重饮食健康，同时对厨房刀具的要求也越来越高。厨房刀具已不仅仅是一把菜刀那么简单，大套件的厨具因为有多种功能，可满足人们生活中的各种需求而成为家庭必选。厨房刀具根据需求不同，有不同类别，如水果刀、剔骨刀、菜刀等。

工业上对刀具的要求就更高了。很多车床上的车刀都是用金刚石制作刀头的，因为金刚石是自然界中硬度最高的物质。

不过，科学家已经制造出比金刚石还硬的物质，如硫化碳炔。它是目前最硬的物质，硬度是钻石的40倍，是钢的200多倍，如果用它制造刀具，一定会锋利无比。

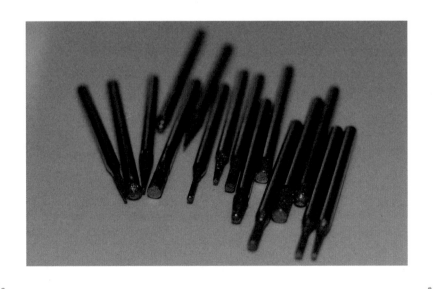

盾牌

兵器坊

盾牌在古代又称"干""秉甲"。古人作战，右手持刃杀敌，左手秉盾防御，所以"干戈"就演变为兵器、战争的代名词。虽说盾是防御型武器，但"一盾可受百箭攻"，由此可见"盾威"的不一般。而且它与中国古代传统重道轻器的价值观一脉相承，体现了以防御为主的军事思维，也表现了中国人对战争、和平的独特认知。

盾牌一般不超过三尺长，多为长方形或梯形，也有圆形的。盾的中央向外凸出，形似龟背，内面有数根系带，称为"挽手"，以便使用者抓握。这从"盾"字的演变可见一斑。

从考古学证据来看，商朝在战斗中已经开始使用盾牌了。这一时期的盾牌，材质以木质和皮革为主。这也是古代盾牌的主要材料。进入周朝后，盾牌获得了长足发展，无论是样式、实用性还是美观度都有了很大进步。

南北朝到隋唐的盾牌，继承了魏晋的盾牌的发展趋势，以窄长型为主。特别是出土的北朝持盾武士俑，大都手持中间有金属兽纹装饰的椭圆长盾。

宋代《武经总要》卷十三中保留了两种古代盾牌的图形：一种是步兵用的旁牌，另一种是骑兵用的旁牌。

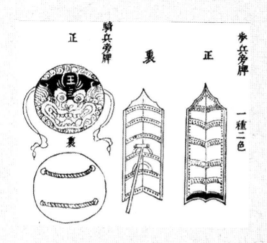

《武经总要》中的古代盾牌

持盾俑

还有一种是经过郑成功改进的藤牌，它可以有效防御轻火枪的攻击。郑成功收复台湾时，郑军的铁人军手持的藤牌就给荷兰人留下了深刻的印象。

后来，清朝为了驱逐沙俄，曾训练了一支藤牌军。这支藤牌军可谓刀枪不入，防御力十分强。

践

古人之行

想不想亲自动手做一个盾牌呢？按照下面的步骤来制作，就可以实现你的愿望。

1 准备好塑料桶 (5L)、美工刀、记号笔、剪刀、胶带、双面胶、A4 纸。

2 如图用记号笔做好标记，用剪刀沿着标记将瓶口部分剪掉。

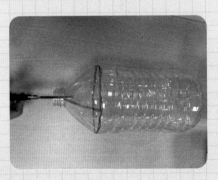

3 如图用记号笔做好标记，用剪刀沿着标记将瓶身一分为二。

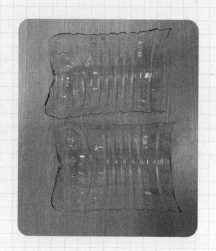

4 在剪下的一个瓶身内壁贴上双面胶，再将另一个瓶身如图叠放在贴有双面胶的瓶身内，然后按压使之紧密贴合在一起。这种两层叠放的方式增加了盾的厚度和韧性，大大提高了盾的防御力。

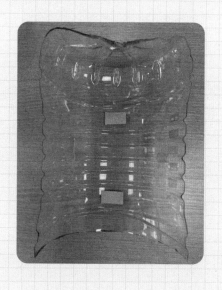

5 用透明胶带将瓶身四周锋利的部分包裹起来，以防割伤手。

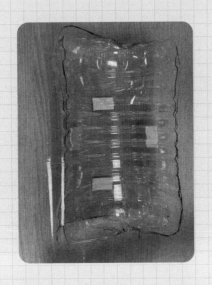 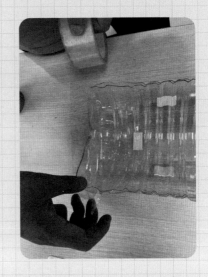

6 剪两段与瓶身宽度差不多的纸条，用胶带捆绑在瓶身上，作为挽手。至此，一个完整的盾牌就制作完成了！

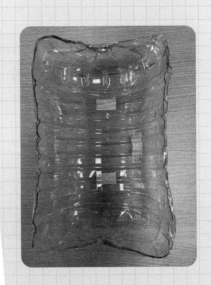

同学们，你们学会了吗？赶快来试试吧！

为了做出更加坚固的盾牌，你还能想到什么材料呢？试着动手做一个吧！

盾牌的防御力主要与以下因素有关：制作材料、盾牌的大小、盾牌的形状。

盾牌在战场上的主要功能是防御，因此既要坚固又要轻便。最早的盾牌是用较轻质的木材，外面包上兽皮制作而成的。这种盾牌的优点是轻便，有一定的韧性，但由于木材硬度不足，其防御力不强。随着金属冶炼技术的成熟，人们开始用金属铸造盾牌，虽然硬度增大了，但它的笨重使其应用受到局限。于是聪明的古人将兽皮盾牌变成了金属盾牌，也就是在一块木板上包裹金属外壳。这样可以大大增加盾牌的硬度和韧性，提升盾牌的防御力，而且重量也不会增加太多。但这样的盾牌还是比较重。为了克服这一问题，人们又选用竹子或者藤条来制作盾牌。藤条增加了盾牌的韧性，斗笠形状增强了盾牌的抗压能力。这种盾牌在战争中起到了极大的防御作用。

盾牌的大小也会影响盾牌的防御力。按照力学原理，盾牌越大，承受的压力越大，即防御力越强。我们用小凳

子在沙地上做一个如下图所示的小实验，就很容易理解这个原理了。同样的重量，受力面积小，凳子陷入沙子深；受力面积大，凳子陷入沙子浅。按照这个原理，盾牌越大越好，但与此同时盾牌的重量也会增加。所以制作盾牌时，既要考虑大小，又要考虑重量。

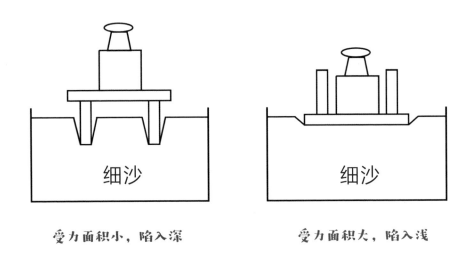

受力面积小，陷入深　　　　　　　受力面积大，陷入浅

另外，盾牌的形状也会影响盾牌的防御力。盾牌的形状往往被设计为圆顶形，而圆顶形其实就是拱形的组合。拱形受压时会把这个力传给相邻的部分，抵住拱足散发的力就可以承受更大的压力，使拱形各部分相互挤压，结合得更加紧密。这样的盾牌就能承受更大的力，防御力也会大大提升。

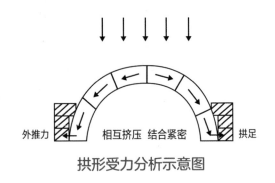

外推力　相互挤压 结合紧密　拱足

拱形受力分析示意图

　　细心的你们一定会发现，有时执行任务的警察会携带一块面积很大的透明板子作为防护工具。这种板子就是现代防暴盾牌。

　　现代防暴盾牌大多以防爆玻璃制成，重量轻、硬度大。同时持盾者在盾牌后面也能看清前方情况。

　　防暴盾牌主要供警察应对特殊情况使用，防弹能力较弱。于是就有了军队和特警使用的防弹盾牌。如果是抵御中小型口径子弹，可以使用手持防弹盾牌。这种防弹盾牌有的还兼带射击孔位。如果要抵御威力较大的步枪弹，就得使用轮式防弹盾牌。

　　要说最新式盾牌，还得数防弹衣。它像马甲一样，穿在身上能护住人体胸腹等要害部位，从而解放双手。防弹衣的应用，得益于50多年前的一项重大发明。当时美国杜邦公司的一位化学家克沃勒克在研究轮胎材料的过程中，致力于寻找一种能使轮胎重量减轻但硬度加大的轻量级新型强力纤维。在不断的实验过程中，克沃勒克意外合成了一种质地轻薄

的乳状溶液。经过改进，凯夫拉纤维正式问世，后被应用到防弹装备上。它质地很轻，又很柔韧，最重要的是异常坚固。在同等重量的情况下，它比钢铁还要坚固5倍。它不仅能挡刀剑劈刺，还能挡子弹，被誉为新式盾牌之冠。

弓和弩

兵器坊

你知道弓弩吗？从字面来看，弓弩是两种古代兵器：弓与弩。弓大家应该更熟悉些，是用人力拉开进行远程射击的兵器；弩是弓的改良版，是以机械发射的弓。弓弩通常指的就是弩。那你知道弓弩的由来吗？我们一起来看看吧！

中国最早出现的远程射击兵器是弓箭。在旧石器时期，就已经出现了用石头做的箭头。出土于山西朔州的一枚石镞，据分析测定距今已有2.8万年左右。石镞的出现意味着弓箭的发明，而弓箭的发明比人类农业生产的开始还要早。

恩格斯说："弓箭对于蒙昧时代，正如铁剑对于野蛮时代和火器对于文明时代一样，乃是决定性的武器。"弓箭的优点是轻便灵巧，能在较远的距离射杀敌人；缺点是射手射箭时必须用一只臂托着弓，另一只臂用力拉弦，因此射出的箭往往难以命中目标，准确性较差。于是，有人就想办法将弓固定在一个臂上，并在这个臂上安装一组能绕不同枢轴转动的机件，这就是中国战国时期发明的弩弓。最开始人们把弩称为"十字弓"或"窝弓"，后来才统称为"弩弓"。

弩机作为中国古代工程技术的发明之一，在公元

传统文化中的 STEAM
兵器坊

前就成为我国军事中的重要武器。铜弩机起源于战国时期，传至汉代及三国时期，军中已普遍使用。它体积小，携带方便；一般由金属铸成，非常牢固并且耐用；可以连续发射，以一当十；操作简便，易于上手。

东汉铜弩机

清朝袁枚的《续诗品·尚识》中也提到了"弓弩"一词："学如弓弩，才如箭镞，识以领之，方能中鹄。"这两句诗的意思是一个人的学问好比弓弩，才干好比箭头，只有在正确思想的指引下，才能射中靶心。小朋友们也要培养自身优秀的思想品质，这是钻研学问、增长才干的先决条件。

想不想亲自动手做一个弓呢？按照下面的步骤来操作，就可以实现你的愿望。

1 要先准备 10 个橡皮筋、4 根筷子、一支圆珠笔、若干棉签。

2 首先，将筷子以两根为一组，用橡皮筋固定好其首尾。注意保证两组筷子用皮筋固定的位置相同。

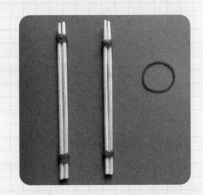

3 其次，将其中一组筷子固定在另一组筷子的偏上方处，呈十字架形状。

4 将圆珠笔拆解，取出笔芯，仅留下外壳。

5 用橡皮筋将拆解下来的圆珠笔外壳固定在用筷子做的十字架竖杠上。

6 将两根橡皮筋分别穿过十字架横杠两根筷子间。

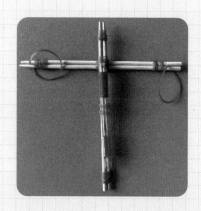

7 将两根橡皮筋拉伸至笔管后侧，然后使用双面胶连接、固定起来，最好是稍加处理，将其制成箭尾安置处。

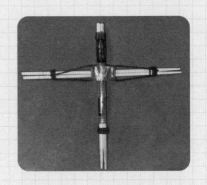

8 现在，弓已经制作完成，只要安装上箭（木棒或者棉签），就可以开始战斗了！

注意事项：不要将箭头指向人哟！

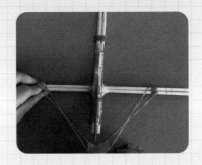

　　弩是中国古代杀伤力最强的远程单兵冷兵器，其关键构件弩机是古代最为精巧的机械联轴装置。它由望山、牙、钩心和悬刀等多个零部件组合而成，其中望山是弩机的核心构件。在射击敌人的时候，弩手要先向上拉动望山，然后利用牙上升的升力将钩心带起，此时钩心的下齿恰好可以卡在悬刀的刻口上。望山还有一个功能，就是发现目标之后，可以帮助弩手进行瞄准。

　　弩的发射原理类似于弓，就是利用人在拉弦过程中积蓄的力量，以瞬间爆发的形式将箭弹射出去。这说明，人类从很早的时候就已经知道利用物体的弹性了。不过，直到17世纪，人们才开始系统地研究弹性力学。英国科学家罗伯特·胡克于1678年提出弹性物体的形变与外力成正比的定律，后来被称为"胡克定律"。

　　现在我们来做个小实验，认识一下胡克的弹性力学理论吧！

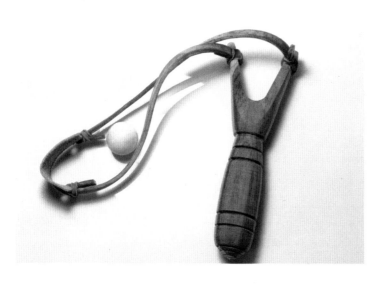

大家都玩过弹弓吗？现在我们准备一个弹弓，想想有什么办法能让弹珠弹射得更远。

你一定想到了解决这个问题的办法！没错，根据胡克定律，我们可以知道弹性物体的形变与外力成正比。也就是说，弹弓皮筋的形变越厉害，产生的弹力就越大，弹珠弹射得就越远。所以，我们拉弹弓皮筋越用力，弹珠就弹射得越远。

现在，我们把胡克定律应用到弓箭上。同样的道理，只有让弓弦的形变最大，才能使弓箭的杀伤力最强。

射箭时所用的拉力越大，弓弦形变的程度就越大，产生的弹力就越大，松开手之后箭获得的弹力就越大，反之获得的弹力就越小。不仅如此，弹力在其他领域也有着重要的作用，小朋友们要好好观察哟！

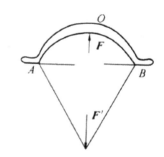

形变大，产生的弹力 F 就大

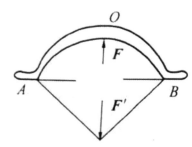

形变小，产生的弹力 F 就小

弓的受力分析图

现代弩机的内部结构和手枪的结构非常相像，而且弩在古代的杀伤力堪比现代来福枪。当弩机中的牙死死地扣住弓弦时，最大可以承受900牛的张力（相当于大约92公斤）。

中国1259年制成以黑火药发射子弹的竹管突火枪，14世纪出现火门枪，15世纪出现火绳枪，16世纪出现燧石枪（又称燧发枪）。从此后枪支的发展中，我们都能找到弩机的身影。

可以说，现代枪械上的许多部件都曾经体现在弩上。枪支是弩的升华形态。

弩，与现代狙击步枪相比，具有无声无光的隐蔽优势；与弓相比，穿透力强，射程远，精确度高。从2003年起，弩成为中国武警反恐队员的"神秘武器"，用于反恐和执行特殊任务。

随着枪械突飞猛进的发展，弓作为一种武器慢

慢淡出历史舞台，但是作为一种运动器材，在体育领域却大放异彩。现代射箭运动最早出现于英国，英格兰约克郡自1673年起举行方斯科顿银箭赛。

在2008年北京奥运会上，张娟娟获得射箭女子个人金牌。这块金牌成为中国射箭史上第一枚奥运金牌。

战车

兵器坊

"战车彭彭旌旗动，三十六军齐上陇。"唐代诗人张籍的《将军行》一定能令你想象出古代战场那气势磅礴的场面。在古代战场上，战车是很重要的武器。那你知道我国是什么时候开始有战车的，古代的战车是怎样的吗？

位于河南省安阳市的殷墟车马坑是考古发现的畜力车最早的实物标本，这证明我国是世界上最早发明和使用车的文明古国之一。

殷墟车马坑

同时，我国也是历史上最早出现战车的国家。据史书记载，最早的战车是在夏王启指挥的甘之战中出现的。从商经西周至春秋，战车一直是军队的主要装备，车战则是主要的作战方式。《秦风·小戎》中就讲述了秦始皇的先祖秦襄公奉周天子之命率兵讨伐西戎这一事件，描绘了轻便华贵的战车、肥壮威风的战马、配套整齐的兵器。这种场面，我们从秦始皇陵兵马俑可见一斑。

秦始皇陵兵马俑坑中出土的战车，按等级可分为4类：一是普通战士乘的战车，二是高级军吏乘的指挥车，三是两人乘的佐车，四是四人乘的驷乘车。这些车都是双轮、单辕，由4匹马系驾。

秦铜车马——单辕双轮车

古代的战车除按等级划分外，还可按用途分为两类：一类是攻车，即直接用于进攻敌军的战车，如射箭的火箭车、攻城侦察的巢车等；另一类是守车，即主要用于屯守或载运辎重的战车，如运输工具木牛流马、守城器械塞门刀车等。

践 古人之行

了解了那么多神奇的古代战车，你想拥有一辆自己的小战车吗？按照下面的步骤来操作，就可以实现你的愿望。

1 器材准备：

空笔芯、瓦楞纸、胶枪、吸管、瓶盖、硬卡纸、一次性筷子、回形针等。

2 制作步骤：

（1）裁剪硬卡纸，并用胶枪粘连成下图所示的车厢。

> 胶枪温度较高，要小心使用，防止烫伤！

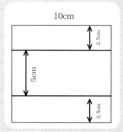
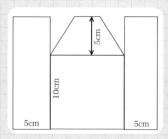

（2）辐条：将一次性筷子截成 8 根 2 厘米长的小棍子，用胶枪将它们均匀地粘在饮料瓶盖上。

外圈：截取长 24 厘米、宽 3 厘米的瓦楞纸纸条，用小刀均匀地划上划痕。（注意动作要轻，不能划穿！）将外圈固定在辐条上。用相同的方法制作 2 个车轮。

车轴：将空笔芯插入吸管制作成车轴，连接起两个车轮。

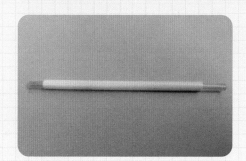

（3）将胶棒加热弯曲制作成辕。将回形针弯曲后固定在一次性筷子上，制作成平衡杠。然后将这两部分组装在一起制作成车架。

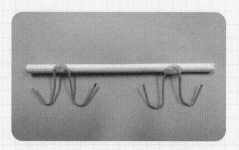

（4）将车厢、车轮、车架组装在一起，一辆小战车就制作好了。

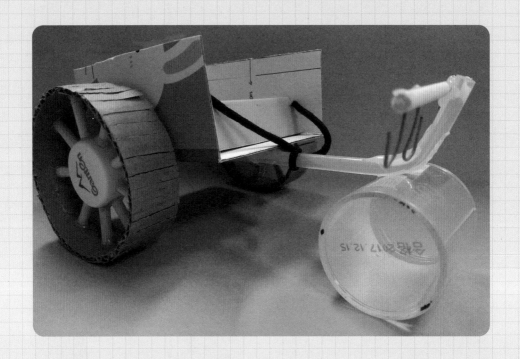

同学们看懂了吗？快利用手中的材料试一试，我们的战车还可以滚动起来呢！

古代战车实际上就是用于军事战争的马拉车，而马拉车行驶的秘密在于它的特殊结构——车轮。车轮是用不同材料制成的圆形滚动物体，包括外圈、辐条和中心轴三个部分。

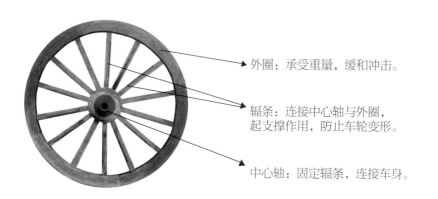

外圈：承受重量，缓和冲击。

辐条：连接中心轴与外圈，起支撑作用，防止车轮变形。

中心轴：固定辐条，连接车身。

为什么车轮是圆的？大家也许会说，这个问题还不简单，因为圆的轮子能滚动啊！的确如此。而且圆形轮子滚动摩擦阻力最小，有助于马拉车省力和快速移动起来。

大家可以通过以下的小实验来感受车轮的运动。

竖放矿泉水桶，难以推动前进

横放矿泉水桶，容易滚动前进

当然，圆的性质也决定了车轮的形状。我们可以通过圆规和直尺的操作，来看看圆有什么特殊的性质。

首先画个圆。画圆时用圆锥扎的一点，叫圆心。然后用直尺量一量圆周上任何一点到圆心的距离，你会发现它们都是相等的。而这相等的距离，就是圆的半径。如果把车轮做成圆形，把车轴安在圆心上，当车轮在地面上滚动的时候，车轴离开地面的距离总是等于车轮的半径。因此，坐在车上的人，会平稳地被车子拉着走。假设车轮变了形，成为椭圆形，或者是正方形、三角形，你就会发现其中心到边缘的长度都是不同的。这时，车子行驶起来，一定是颠簸不平的。

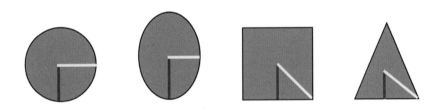

其实，最早的车轮是用木头做的。人们用销钉把车轴和车轮固定在一起，这样轮轴就会随车轮一起转动。后来，人们在车轮上挖出一个孔洞，使车轴可以穿过。这样的设计，使得车轮和车轴分离开来。再后来，人们发明了固定轴，将车轴固定在车架上，将车轮安装在车轴上，这样车轮就可以自由转动。固定轴的出现，让车子的行驶更加稳定，也让车子的转弯更加方便。到这个时候，车轮终于可以被认为是一项完整的发明了。

啊哈！我知道了，圆形车轮的滚动既省力，又平稳，而且方便运输，真不愧是历史上最伟大的发明之一啊！

战车不仅可以让士兵们驰骋战场，还可以用来运输辎重。明清时期，随着火器在军队中的普及，人们开始用战车将沉重的大炮运往前线，这大大提升了战斗力。

但是，人们很快就发现，用木头制成的实心轮必须在开阔的平原上才可以快速行驶，否则很容易翻覆。1845年，英国人罗伯特·汤姆逊发明的空心轮胎极大地克服了行驶环境的局限性，也让车子的行驶更加平稳、高速。由此，战车的种类也变得越来越多。

20世纪初，随着科技的不断发展和现代军事的需要，装甲车逐渐成为战场的主导力量。正是凭借从古代战车中获得的灵感，人们尝试将拖拉机和火炮组装在一起，才有了今天的"新宠"——装甲车。现代装甲车的主要功能有侦察、运输、通信、指挥和作战等，实现了多功能化的自我革新。

　　而空心轮胎除了在军事上有重大的突破外，在日常生活中也应用广泛，比如摩托车和汽车均有使用。

回旋镖

回旋镖又名自归器、飞去来器等，是一种扔出去可以再飞回到手中的兵器。它有"V"字型、香蕉型、钟型、三叶型、"十"字型、多叶型等多种造型。古代作战使用回旋镖时，投掷者会在镖头上涂抹毒药。敌人或猎物一旦被击中，就会中毒。如果击不中，它就会转一圈飞回到投掷者手中，投掷者则会进行二次投击，直到把敌人或猎物击中。

最早的回旋镖并不能返回，这可能与原始人类用树枝或石头狩猎有关。经过长期的摸索，人们发现弯曲的树枝在空中的飞行轨迹更稳定，而且可以扔得更远更准，加之自然界中弯曲的树枝要远多于笔直的木棍，慢慢地就开始将那些用得顺手的坚硬树枝保留下来，打磨成称手的兵器。

早在新石器时代，我国就已经有人工制作的回旋镖了。1979年，南京博物院的考古工作者在江苏海安市青墩新石器时代文化遗址发掘到6件回旋镖，其中有4件整齐地叠在一起，作为随葬品被埋在一座墓中。

这里出土的回旋镖全都是用鹿角制成的，它们有3个自然分叉，3个端都磨出了扁刃，以便快速飞行，准确击中目标。

后来回旋镖发展为我国最古老的杂技节目之一，现在还是内蒙古草原那达慕大会上的民俗活动内容之一呢！

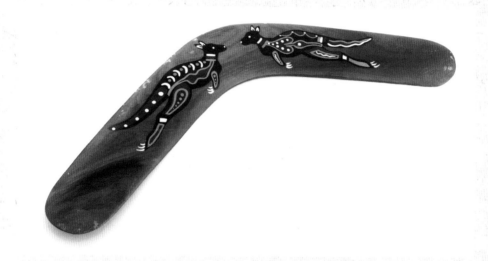

将用A4纸折成的回旋镖扔出去，几秒之后它又会回到我们手中，简直太神奇了！赶紧动手做起来吧！

1 器材准备：

美工刀、A4纸。

2 制作步骤：

（1）将A4纸竖向对折，并用美工刀裁去一半。

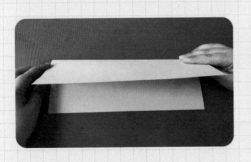

（2）将裁剪后的A4纸再次竖向对折并展开，然后将两边的纸向中间线对折。

（3）将上一步折好的造型横向对折，然后在闭口端先折两个小三角，再展开。

（4）提起中间的小三角，沿上方折痕进行90度翻折，再沿折痕向下对折并压实。

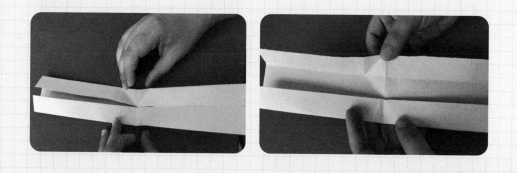

（5）将两边竖起来的纸同时往下压，会凸出一个小三角。

传统文化中的 STEAM
兵器坊

（6）把折纸打开，提起下方的纸塞进三角形夹角内。

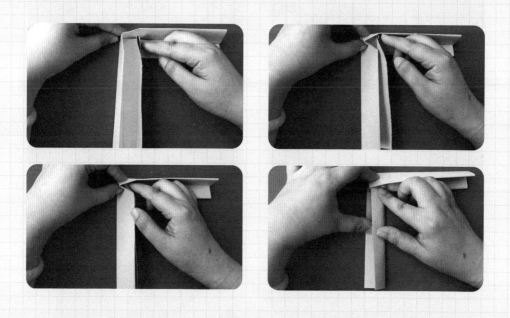

（7）在折纸的一个尾部折两个三角再拆开，并在一侧向内折一个三角固定住，然后将另一侧的三角塞进内折的三角形夹角内。在折纸的另一个尾部重复上述操作。

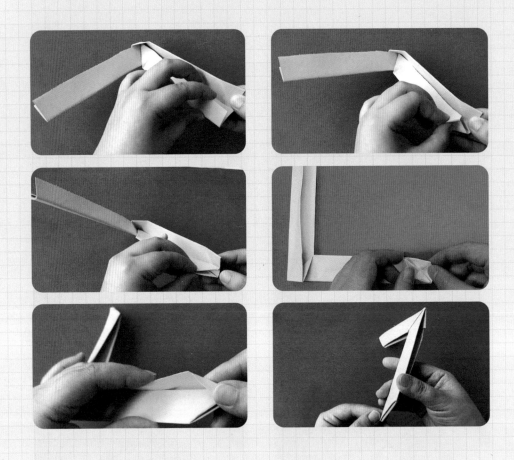

至此，回旋镖就折好了。

扔出去试一试，看一看几秒之后能不能再回到手中。

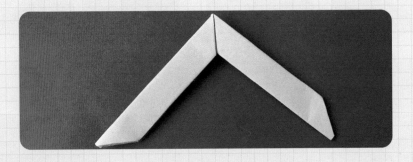

注意事项：

1.美工刀的刀刃较锋利，在制作过程中要注意安全哦！

2.回旋镖的试飞最好是在空旷的地方进行，切记不要对着人，以免伤着别人！

要想探寻回旋镖的回旋原理，就不得不介绍一位伟大的科学家——"流体力学之父"丹尼尔·伯努利。他提出：空气流速越大，压强越小。

例如，高速行驶的火车进站时，在运动车厢的带动下，车厢附近的空气流速变大、压强变小。若旅客靠车厢太近，则可能会被气压差压向火车。所以，当火车进站时，旅客必须站在安全黄线以内。小朋友一定要牢记哟！

同样，回旋镖被快速扔出时，会带动空气流动，其两翼上方和下方则因空气气压不同而产生向上的力。

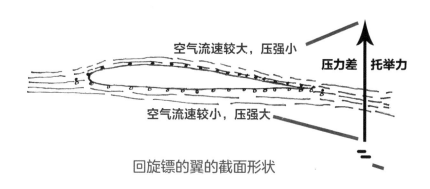

回旋镖的翼的截面形状

扔回旋镖时，姿势如下图所示。注意，回旋镖所产生的升力并不是竖直向上，而是近似水平（与水平方向有一个小夹角）的。

扔回旋镖时的姿势示意图

回旋镖之所以会回旋，是因为它向前飞行的同时在自旋。可以说，回旋镖回旋的准确程度在很大程度上依赖于投掷者的经验水平。由此看来，回旋镖的回旋原理并不简单哦！

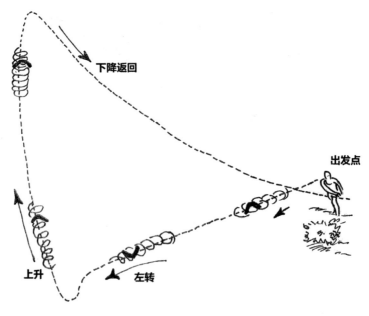

下降返回

出发点

上升　　左转

回旋镖的回旋原理示意图

　　回旋镖在飞行的过程中会因为切割空气而发出声音，而当它不能击中目标时还会飞回来，这样兵器就不会轻易丢失了。同时，回旋镖的特殊运动轨迹不易被敌军察觉，更难以摸清它的方向。随着科技的发展，我国军事技术不断创新，许多兵器和回旋镖有异曲同工之妙。

　　如今，回旋镖已不仅仅是一种神奇的兵器，而是成为一种集健身、娱乐、趣味性于一体的玩具和理想的运动器械。

　　在欧美，回旋镖也是风行的娱乐健身项目。比

如，德国北部每年都会举行世界性的"飞去来器"锦标赛。
2000年悉尼奥运会的会徽就是根据"飞去来器"实物绘制
而成的，图案上方用"飞去来器"组成一个举着奥运会火
炬奔跑的运动员形象。

火箭

兵器坊

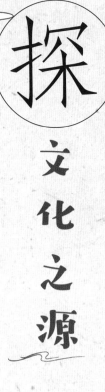

探文化之源

在航空史上，中国明朝一位叫万户的官员被认为是火箭飞行第一人。据说当时他手执两只风筝，将自己捆绑在座椅上，并在座椅后加装47枚火箭，用蜡烛点燃火箭后升空。不幸的是，万户最终殒命。万户的飞天梦想虽未实现，但他的这一举动具有划时代的意义。1970年，在英国布莱顿召开的国际天文学会议上，月球背面的一座环形山正式被以"Wan Hoo"命名。

实际上，中国对"火箭"的最早记载是一种远程兵器。三国时期，诸葛亮出兵攻打陈仓，魏守将郝昭"以火箭逆射其云梯，梯燃，梯上人皆烧死"。当时的火箭是在箭头处绑缚浸满油脂的麻布等易燃物，点燃后用弓弩发射出去以烧毁对方的云梯。可见，当时的"火箭"只是一种纵火工具而已。

随着火药的发明，箭头处的燃烧物用火药代替，这样燃烧就更加剧烈。北宋曾公亮在《武经总要》中记载的火箭，就是把火药放在箭头处来取代之前的箭镞，并说火药的轻重是根据弓的力量来定的。而且，这种火箭，弓和弩都可以用。

然而《宋史·兵志》中记载的火箭就不同了："时兵部令史冯继升等进火箭法，命试验，且赐衣物、束帛。"

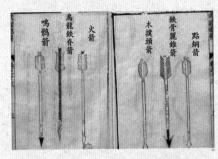

《武经总要》中记载的火箭

传统文化中的 STEAM
兵器坊

这是因为冯继升对火箭进行了重大的改良，他把火药装在封闭的筒状密封容器内点燃，产生的巨大推力把火箭射了出去。可见，当时的火箭用火药作"推进剂"，是现代火箭的雏形。

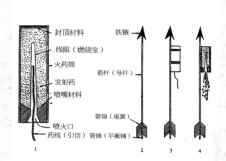

明朝《武备志》里还记载有"一窝蜂"多发火箭的图案。

为了攻击到更远的敌人，明朝人发明了世界上最早的二级火箭，即"火龙出水"。"火龙出水"由于采用了火龙筒体内外均有火箭的独特结构，因此具备二次点火引燃功能，从而弥补了单级火箭发射距离近的缺点。这是最早的多级火箭反舰导弹，射程可以达到1.5公里，把古代火箭技术推进到高级阶段，为近代火箭的研制提供了思路。

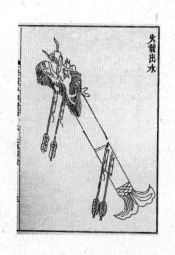

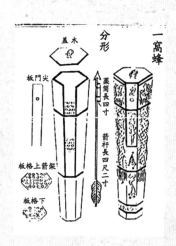

践

古人之行

你是否在电视或电影中看到过火箭一飞冲天的震撼场景？赶紧也来制作一个吧！

1 器材准备：

瓶子、透明胶带、四根一次性筷子（或铅笔）、白醋、小苏打、纸巾和软木塞。

2 制作步骤：

（1）将四根一次性筷子围绕瓶身均匀排列，用胶带固定，四根筷子对齐并略高于瓶口约 5cm，使瓶子倒放时能迅速立稳。

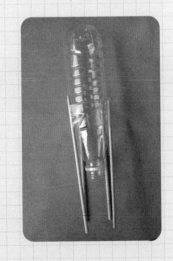

（2）取约 2 小勺的小苏打放在纸巾中间，通过扭转纸巾两端把小苏打包在其中。（提示：纸巾的作用是延缓化学反应的速度。）

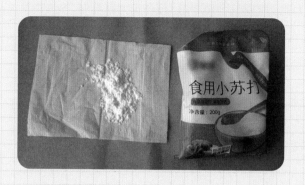 

（3）向塑料瓶中加白醋至瓶子的 1/5 处，再放进包着小苏打的纸巾，然后快速用软木塞塞住瓶口。（提示：软木塞适当塞紧些，否则还没开始软木塞就掉了。）

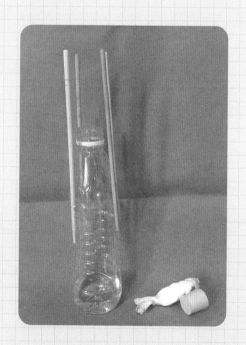 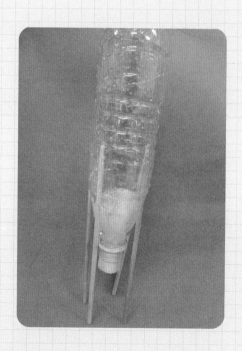

（4）轻轻地摇晃瓶子后，迅速把瓶子倒放在地上，人退后，和瓶子保持一定的距离，一会儿就能看到瓶塞被冲出，瓶子瞬间被发射出去的情景。

说明：小苏打中所含的碳酸氢钠和白醋中所含的醋酸会发生化学反应，生成二氧化碳和醋酸钠。不断生成的二氧化碳气体使瓶内的气压快速升高，当瓶内的气压高于瓶塞的阻力时，瓶塞就会被冲出，反作用力就会使"火箭"快速腾空升起。

注意事项：
1. 自制火箭有一定的危险性，要在家长的指导下进行。自制火箭可飞行约 6 米，因此请在无人空旷的地方试飞。
2. 不要将火箭对准他人和自己。
3. 若实验中药品沾到皮肤上，请及时用水清洗。
4. 软木塞塞得松紧、所放药品的多少，均会影响"火箭"射程的远近。你可以试一试，并想一想为什么。

火箭是依靠什么力量射向远方的呢？

早期用弓射出去的火箭，无疑依靠的是弓的弹力。而后期用火药射出去的火箭，就与火药发生的反应和作用有关了。

孙思邈

根据《丹经内伏硫黄法》中的记载，隋唐时期著名的医药家和炼丹家孙思邈在制作丹药的过程中，将硫黄、硝石、木炭混合在一起制成药粉。这就是火药的雏形。

在点燃火药的瞬间，会产生大量的氮气、二氧化碳等气体，体积急剧膨胀，压力猛烈增大，而且反应放出大量的热，瞬间爆燃温度可达1000摄氏度以上，这进一步使气体膨胀，从而产生强烈的向下推力。

正是这股强烈的向下推力，使火箭获得了向上的反作用力，最终飞出去了。也就是说，它是利用作用力与反作用力规律来实现发射的。

这里，我们可以通过一个小实验来体会作用力与反作用力的规律。

将吹起的气球松开气嘴，气球内的气体向右喷出，会给气球一个向左的反作用力，使气球向左飞出。这就是牛顿第三定律：当一个物体对另外一个物体施加力时，另一个物体会对这个物体施加一个大小相同、方向相反的力。

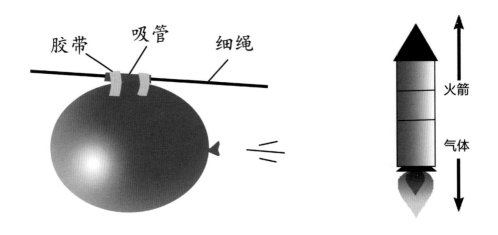

注意事项： 在只有一个出口的装置中，生成的气体会从出口喷出，它的反作用力就会将物体往相反的方向推动。而在一个完全密封的装置中，生成的气体无法排出，当装置内的压强大到一定程度时，就会发生爆炸。

"现代火箭之父"是罗伯特·戈达德。据说他研究火箭与他读英国作家威尔斯的科幻小说《星际战争》时产生的幻想有关："当我仰望东方的天空时，我突然想，如果我们能够做个飞行器飞向火星，那该有多好！"从那时起，戈达德就定下了自己人生的奋斗目标。

早期戈达德发射了很多用固体化学燃料黑火药提供动力的火箭，不过黑火药的威力较小，不足以将重物送上太空。1920年，戈达德开始研究液体火箭。1923年，他成功地进行了世界上第一个用汽油和液氧作为燃料的液体火箭发动机的地面静态试验。1926年，他发射了世界上第一枚液体火箭，这为现代火箭的发展奠定了基础。

现代火箭用的燃料已经演变成液态氢，其不仅无毒，性能还奇高。我国长征三号第三级发动机就是液氢液氧火箭发动机。火箭发射的过程：火箭发动机点火以后，推进剂（液体的或固体的燃料和氧化剂）在发动机燃烧室里燃烧，产生大量高压气体；高压气体从发动机喷管高速喷出，对火箭产生的反作用力使火箭沿气体喷射的反方向前进。

现代火箭还常常用于气象监测、工具运载、战争武器等，用途越发广泛。例如，气象火箭可探测高空大气资料，用于天气预报、气候变化和灾害性天气研究；运载火箭可将人造地球卫星、载人飞船、空间站探测器等有效载荷送入预定轨道；给火箭装上弹头，做成火箭炮和导弹作为武器，可在极短的时间内大量发射，向远距离的大面积目标实施突然袭击，用以歼灭、压制敌人有生力量和技术兵器。

火箭炮

洲际导弹

除此之外，盛大典礼中的礼炮、烟花表演为了达到更好的效果，往往会在焰火和礼花弹中填充大量用于发射以及爆炸的火药，而且在制作烟花的过程中还会加入一些发光剂和发色剂，使烟花能够放出五彩缤纷的颜色。

投石机

兵器坊

你知道投石机吗？

它是我们的祖先使用的重型武器之一。当时，人们利用投石机来攻守城堡，以石头当炮弹来进行远程抛射。

在中国象棋中，同样的一枚棋子，有的是"炮"，也有"砲"。那么它们有什么不同呢？中国象棋是一种古老的棋类游戏，大约有两千年的历史，展现的是中国古代的战术技艺和谋略。"砲"打的是石头，体现的是投石车的特征：直线行驶，像车一样无限制移动。而"炮"则以炮弹代替石头，具有爆炸性，威力更大。由此可见，"砲"是

"炮"的前身。

武器炮的前身是古人用来捕猎的投石器，但是炮的具体发明过程与时间已无法考证。一般认为，炮出现在兼并战争频繁、攻守技术大发展的春秋战国时代。《墨子·备城门》中记载："诸藉车皆铁什。藉车之柱，长丈七尺，其狸者四尺；"藉车就是春秋战国时期一种远距离的投石机。

宋代兵书《武经总要》中介绍的"七梢炮"也是一种人力投石机，即用人力在远离投石机的地方一齐牵拉连在横杆上的梢，以将石弹抛出。其分单梢和多梢，最多的有十三梢，大约需500人才能施放。

宋朝在攻灭南唐时使用了"火炮"——一种使用可燃烧弹丸的投石机。弹丸爆炸，声如霹雳，故被称为"霹雳炮"。靖康元年（1126年），金人入侵围攻汴京，李纲在守城时就曾用霹雳炮击退金兵，"夜发霹雳砲以击贼军，皆惊呼"。

元代是投石机发展的巅峰时期，这一时期制作的"回回砲"能发射150斤石块，石块落地后能在地面上砸出七尺深的坑，其破坏力骇人。

朱元璋建立明朝后，手铳、神机箭、将军炮等热火器的出现动摇了投石机的统治地位。明朝中期，随着三眼铳、鸟铳、小佛郎机炮的普及，投石机逐渐退出战场。清朝时期，投石机遭到彻底淘汰，取而代之的就是"炮"。然而我们不能忘却，作为一种重要的兵器，"砲"曾经在历史上留下的痕迹。

想不想自己做一个投石机呢？按照下面的步骤来制作，就可以实现你的愿望了！

1 器材准备：

胶枪、6根长度一样的木棒、一根更长的木棒、塑料瓶盖、橡皮筋6~10个。

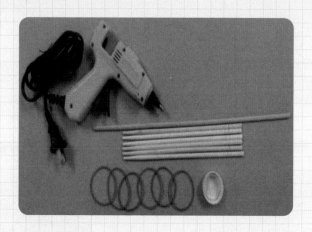

2 制作步骤：

（1）将6根长度一样的木棒用橡皮筋固定成正四面体。

（2）将塑料瓶盖固定在长的木棒上，作为发射杆。

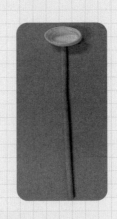

（3）用一个橡皮筋套在四面体的顶端。

（4）将发射杆插入套着四面体顶端的橡皮筋中，再用橡皮筋将发射杆固定在对应的木棒上。

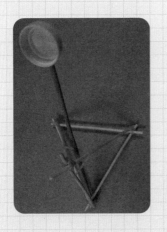

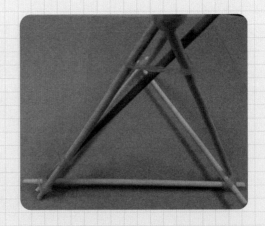

（5）此时拨动发射杆，就可以投出小石头啦。

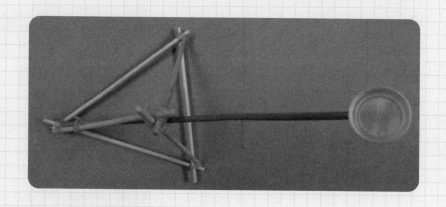

要想让石头投得更远，还需要掌握以下几个小技巧。你知道为什么吗？

1.增强橡皮筋的弹力，把石头弹射出去。

2.增加发射杆的长度，因为这样可以更省力。

3.投石的时候要考虑风向，顺风投石肯定可以投得更远。

4.为了投得更远更稳，可以适当增加石头的重量。

为什么用投石机能把石头投到更远处呢？

实际上，投石机应用的是杠杆原理。

墨子

《墨子·经说下》中记载："衡加重于其一旁，必捶，权重相若也。相衡，则本短标长，两加焉重相若，则标必下，标得权也。"这段话的意思是：增加杠杆任一端的重物，这一端必定下垂，因为杠杆两端物体的力臂相等。若要保持杠杆平衡，就需使两端物体的作用点到支点的距离不等，即一长一短。如果两端的重物相等，那么离支点远的一端一定会下垂，因为这一端重物的作用点到支点距离过长。墨子在这里将杠杆的平衡原理阐述得很清楚。

下图可以让你更清楚地明白什么是杠杆。一根棍子，当在棍子下垫一块小石头或其他能支撑棍子的东西，用它撬重物时，它就不再是一根普通的棍子，而成为一种简单的机械，叫作杠杆。

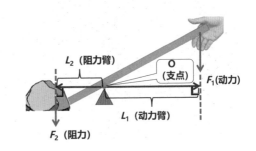

杠杆原理示意图

当杠杆的动力臂大于阻力臂时，使用小于阻力的动力就可以撬起石头，所以这时杠杆使用起来会比较省力；当杠杆的动力臂小于阻力臂时，要使用大于阻力的动力才可以撬起石头，所以这时使用杠杆就比较费力。

古代的投石机在使用时，一端装有重物(动力)，而另一端装有待发射的石弹（阻力），发射前须先将放置石弹的一端用绞盘、滑轮或直接用人力拉下，而装有重物的一端在此时会上升，待放好石弹后放开或砍断绳索，让装有重物的一端落下，石弹就会顺势被抛出。

让我们来了解一下投石机的杠杆原理吧!

想一想：图中的投石机是省力杠杆，
还是费力杠杆呢？

投石机的种类有很多，在运用杠杆原理的同时还会涉及其他科学原理。例如，人力投石机和重力投石机，主要借助人力或者滑轮将弹药端拉下后依靠杠杆原理弹射出去。弹力投石机又称床弩、弩炮、射箭机，主要依靠弓弦的弹力来抛射。扭力投石机又称石弩、投石车、弹射器，主要依靠扭绞绳索产生力量进行弹射。

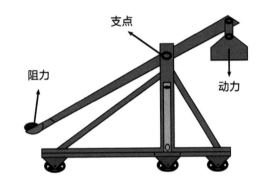

投石机从广泛运用到消亡见证了人类文明的发展，它同攻城锤、攻城塔等武器一起构成了中世纪的战争史诗。14世纪40年代，欧洲出现了世界上第一批炮兵用的火药炮。为了使炮手作战时装填炮弹熟练、迅速、敏捷，希腊人就在日常训练中让士兵用同炮弹重量相当的石头进行练习，并进行比赛，后来逐渐形成一种体育运动项目——铅球。1896年，铅球成为第一届现代奥运会上投掷比赛正式项目。其实，投掷铅球的动作也运用了杠杆原理。

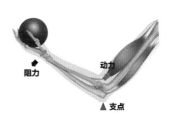

阻力　　动力

▲支点

随着科技的发展，现代发射弹药的高射炮、装甲车等军事武器已经不再运用杠杆原理发射弹药了，而是借助弹体内的炸药爆炸后产生的高温高压气体使弹头飞出。

高射炮

你知道在我们的日常生活中运用杠杆原理的工具还有哪些吗？其实稍加留意就会发现有

装甲车

很多，如老虎钳、订书机、羊角锤、跷跷板等。

观

云梯

兵器坊

古语有云：兵战为下，攻心为上。不战而屈人之兵自然是最好的，但是一场战争往往需要惨烈的对抗才能结束。在冷兵器时代，最难的就是"攻城战"。城池易守难攻，要想攻破敌城，必须借助云梯攀越城墙，然后冲到城墙内杀敌。

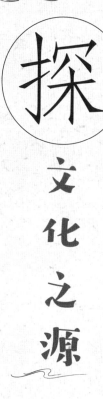

一般认为，云梯的发明者是春秋时期鲁国能工巧匠公输盘(鲁班)。李白《赠从弟冽》中记载："傅说降霖雨，公输造云梯。"《墨子·公输》中提及："公输盘为楚造云梯之械，成，将以攻宋。"这些史料都表明，公输盘是云梯的发明者。

但其实早在夏、商、周时期，人们就已发明了原始的云梯，并取名"钩援"。当时的云梯即在顶部安装有铜钩的一种木制长梯。春秋时期，公输盘对其加以改进，制成云梯。四川博物院馆藏的战国水陆攻战纹铜壶上绘制的攻城战中，就出现了带有轮子和钩子的云梯。

到了唐代，为了降低登城的危险，人们在主梯上增设了一具能活动的副梯，在顶端装上了一对辘轳，这样攻城时就可以沿着城墙上下滑动，并调整倾斜的角度，从而方便士兵爬梯登城。同时底部以木为床，装有六轮，更为稳固，被人们称为"飞云梯"。

随着宋代军事技术的精进，云梯的结构也有了更大的改进。主梯用转轴连接的折叠式结构，降低了主梯对敌前的高度，提高了使用云梯作战时的稳定性，并将底部用生牛皮包裹，设计为四面保护的车型。副梯除了飞梯外，还有竹飞梯、蹑头飞梯、行天桥、搭天车等，样式不同的副梯满足了不同的攻城需要。《武经总要》中详细描绘了多种经改进的云梯形制。

经过古人不断地加固和改进，云梯成了古代有效的攻城器械之一。

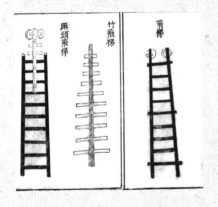

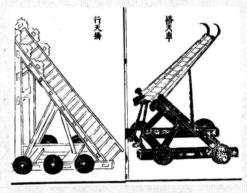

想不想亲自动手做一个云梯呢？按照下面的步骤来制作，就可以实现你的愿望了！

1 器材准备：

四根粗吸管、八根棉签、一把剪刀、一把小螺丝刀、一个打火机、一支黑笔。

2 制作步骤：

（1）用剪刀剪去吸管尖端，确保两根吸管长度一致。

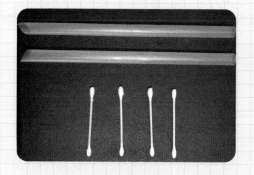

（2）测量吸管长度，并把它均分为五段（用笔做上4个标记点）。加热螺丝刀尖端，在标记处戳出孔。另一根采取同样操作。

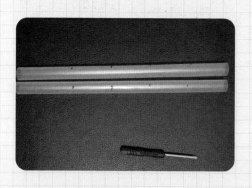
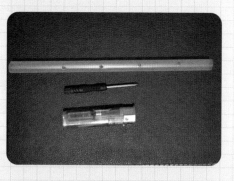

（3）拔掉棉签两端包裹部分，用剪刀调整四根棉签的长度（每根长度相差5毫米）。

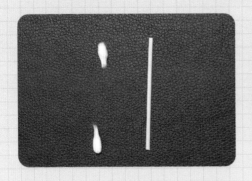

（4）将棉签按长短依次插入吸管上的孔中。

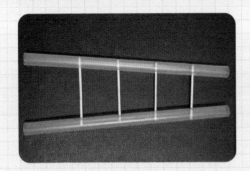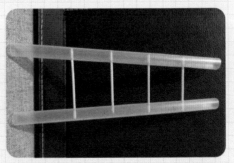

（5）用同样的方法制作一个略小一点的梯子，并在梯子上端戳出两个贯穿的孔。

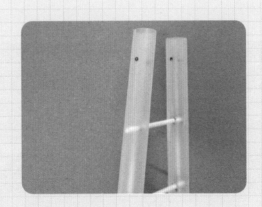

传统文化中的 STEAM
兵器坊

（6）将两者组合，一架简易折叠云梯就制作完成了！

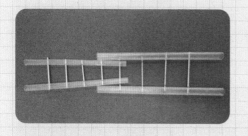 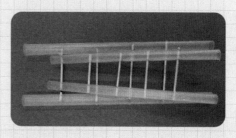

注意事项：

① 用火需谨慎。② 握住螺丝刀塑料包裹处，不要烫到手。③ 用螺丝刀不要戳伤自己和他人，戳孔难度较大，可以让家长陪同制作哦。

 思考：怎样放置云梯会更稳固呢？

战国时期，墨子所著《墨子·经说下》中就叙述了斜面与其省力的原理："挈，有力也；引，无力也。不正，所挈之止于施也，绳制挈之也，若以锥刺之。"换言之，垂直提升重物，是需要用力的；在光滑的平面上平拉重物，

是不需要用力的。将所要提升的重物放在斜坡上，用绳子牵制来提升它，就会像用锥刺物那样，斜坡与地面的夹角越小，表面越光滑，需要用的力就越小。

斜面也是古希腊人提出的六种简单机械之一。亚历山大时期的帕普斯在其著作《数学汇编》第八卷中曾尝试解析斜面的重物平衡问题。1608年，西蒙·斯特芬发表著作《数学纪要》，对这个问题给出了正确与精彩的解析。伽利略也花了很多时间找出问题与错误所在，并采用不同方法给出了正确答案。

就像搭在汽车车厢上的木板那样，同水平面成倾斜角度的平面叫作斜面。斜面与水平面的夹角叫坡角，如下图所示的1,2,3。1的坡角最大，斜面最陡。3的坡角最小，斜面最平。

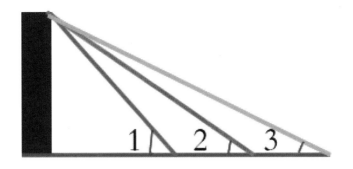

同一重物，提升相同高度时，斜面坡度不同，重物移动的距离就不同，所用的力也不同哟。

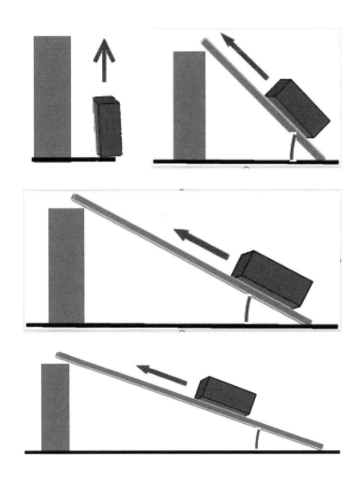

这里可以做个小实验：用弹簧测力计分别测出4种情况下，将重物提升至相同高度所需用力的大小，看看哪一个是最省力的。

你一定会发现：坡角越小，用力越小；坡角越大，用力越大；直接垂直向上提重物，相当于坡角为90°，用力最大。由此可见，斜面是能省力的，且坡度越小越省力，当然，这样物体运动的距离会更长。古人发明的云梯，正是利用了这个原理。

想一想：盘山公路为什么要这样建造？
螺丝钉为什么有这么多螺纹？

它们利用的都是斜面省力的原理。

斜面的省力作用，在我们的日常生活中有着广泛的应用。

使用可移动式斜板，能够轻松将货物从密斗货车中装上或卸下。

民用飞机的充气逃生滑梯能够帮助乘客迅速从飞机出口紧急撤离，滑至地面。

古时候，人们把用于高空作业的竹制或木制梯子称

作云梯。这种云梯用起来比较笨重，而且没有安全保障。现代人通过技术改进，用锰钢和铝合金来制作云梯，既外形美观、移动方便、安装快捷又安全性高，是高空作业的好帮手。

高空作业还有云梯车呢！它又叫云梯搬运车、高空作业车、云梯搬家车，是一种载有云梯设备，可将物料搬运上楼的专项作业车辆。该车具有操作简便易学、灵活性强、运用面广、工作效率高、性能好等特点，广泛应用于消防、幕墙施工、楼顶防水作业、太阳能安装等方面。